escola - iskola	2
viagem - utazás	5
transporte - közlekedés	8
cidade - város	10
paisagem - táj	14
restaurante - étterem	17
supermercado - szupermarket	20
bebidas - italok	22
comida - étel	23
quinta - gazdálkodás	27
casa - ház	31
sala de estar - nappali	33
cozinha - konyha	35
casa de banho - fürdőszoba	38
quarto de criança - gyerekszoba	42
vestuário - ruházat	44
escritório - iroda	49
agricultura - gazdaság	51
profissões - foglalkozások	53
ferramentas - szerszámok	56
instrumentos musicais - hangszerek	57
jardim zoológico - állatkert	59
desporto - sportok	62
atividades - tevékenységek	63
família - család	67
corpo - test	68
hospital - kórház	72
emergência - vészhelyzet	76
terra - föld	77
relógio - óra	79
semana - hét	80
ano - év	81
formas - alakzatok	83
cores - színek	84
opostos - ellentétek	85
números - számok	88
idiomas - nyelvek	90
quem / o quê / como - ki / mi / hogyan	91
onde - hol	92

Impressum
Verlag: BABADADA GmbH, Nedderfeld 112 , 22529 Hamburg
Geschäftsführer / Verlagsleitung: Harald Hof
Druck: Books on Demand GmbH, In de Tarpen 42, 22848 Norderstedt

Imprint
Publisher: BABADADA GmbH, Nedderfeld 112 , 22529 Hamburg, Germany
Managing Director / Publishing direction: Harald Hof
Print: Books on Demand GmbH, In de Tarpen 42, 22848 Norderstedt, Germany

escola
iskola

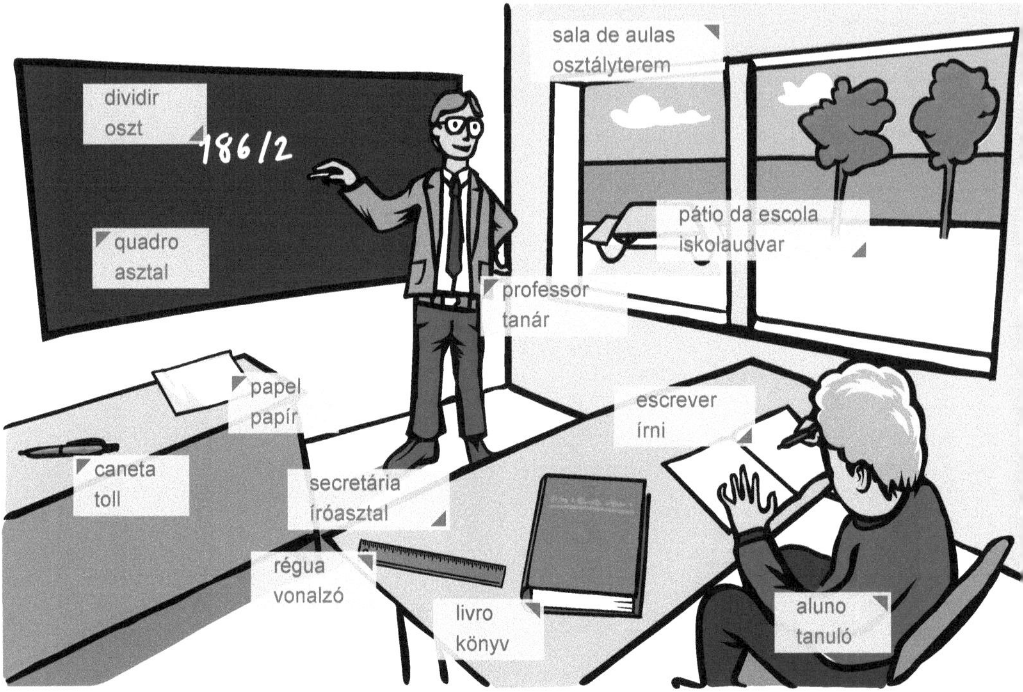
sala de aulas
osztályterem
dividir
oszt
186/2
quadro
asztal
professor
tanár
pátio da escola
iskolaudvar
papel
papír
escrever
írni
caneta
toll
secretária
íróasztal
régua
vonalzó
livro
könyv
aluno
tanuló

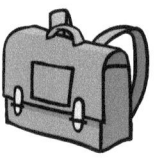

mochila

iskolatáska

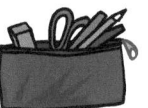

estojo de lápis

tolltartó

lápis

ceruza

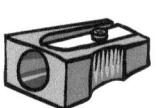

afia-lápis

ceruzahegyező

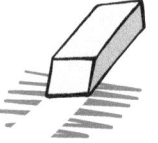

borracha

radír

bloco de desenho

rajzfüzet

desenho

rajz

pincel

ecset

caixa de tintas

festökészlet

tesoura

olló

cola

ragasztó

livro de exercícios

munkafüzet

trabalhos de casa

házi feladat

número

szám

somar

összead

subtrair

kivon

multiplicar

szoroz

calcular

számol

letra

betü

alfabeto

ABC

palavra

szó

texto

szöveg

ler

olvasni

giz

kréta

hora

tanóra

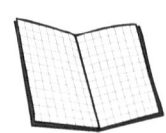

registo de presenças

napló

exame

vizsga

certificado

bizonyítvány

uniforme escolar

iskolai egyenruha

educação

oktatás

enciclopédia

enciklopédia

universidade

egyetem

microscópio

mikroszkóp

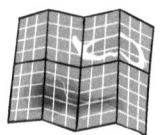

mapa

térkép

cesto de lixo

papír-hulladék gyüjtö

viagem
utazás

hotel
hotel
Grand
hostel
szállás
ROOMS
EXCHANGE
casa de câmbio
valutaváltó iroda
mala
bőrönd
carro
autó

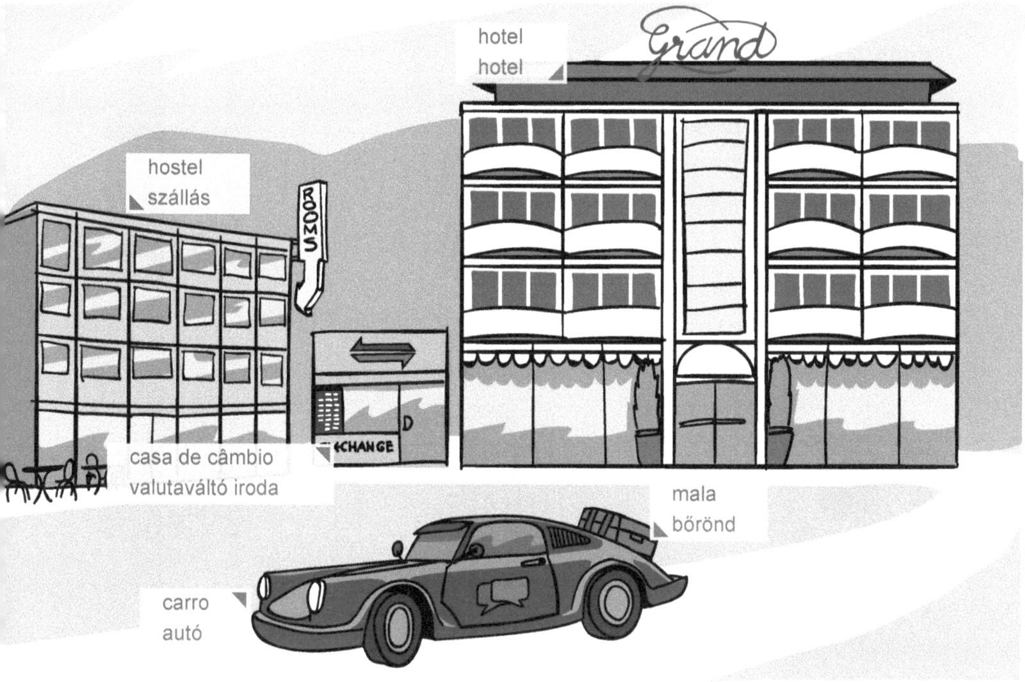

idioma
....
nyelv

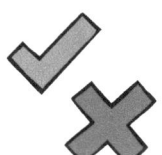

sim / não
....
igen/nem

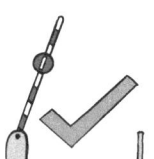

ok / certo / correto
....
rendben

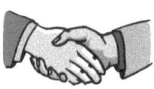

olá
....
szia

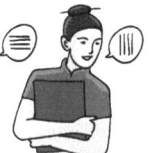

intérprete
....
fordító

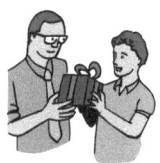

obrigado
....
köszönöm

quanto é que custa... ?

mennyibe kerül...?

não entendo

nem értem

problema

probléma

boa noite!

Jó estét!

Bom dia!

jó reggelt!

Boa noite!

jó éjszakát!

adeus

viszontlátásra

direção

útirány

bagagem

poggyász

saco

táska

mochila

hátizsák

convidado

vendég

quarto

szoba

saco-cama

hálózsák

tenda

sátor

informação turística

turista információ

praia

strand

cartão de crédito

hitelkártya

pequeno-almoço

reggeli

almoço

ebéd

jantar

vacsora

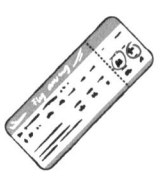

bilhete

jegy

elevador

lift

selo postal

bélyeg

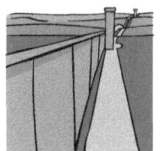

fronteira

határ

alfândega

vám

embaixada

nagykövetség

visto

vízum

passaporte

útlevél

transporte
közlekedés

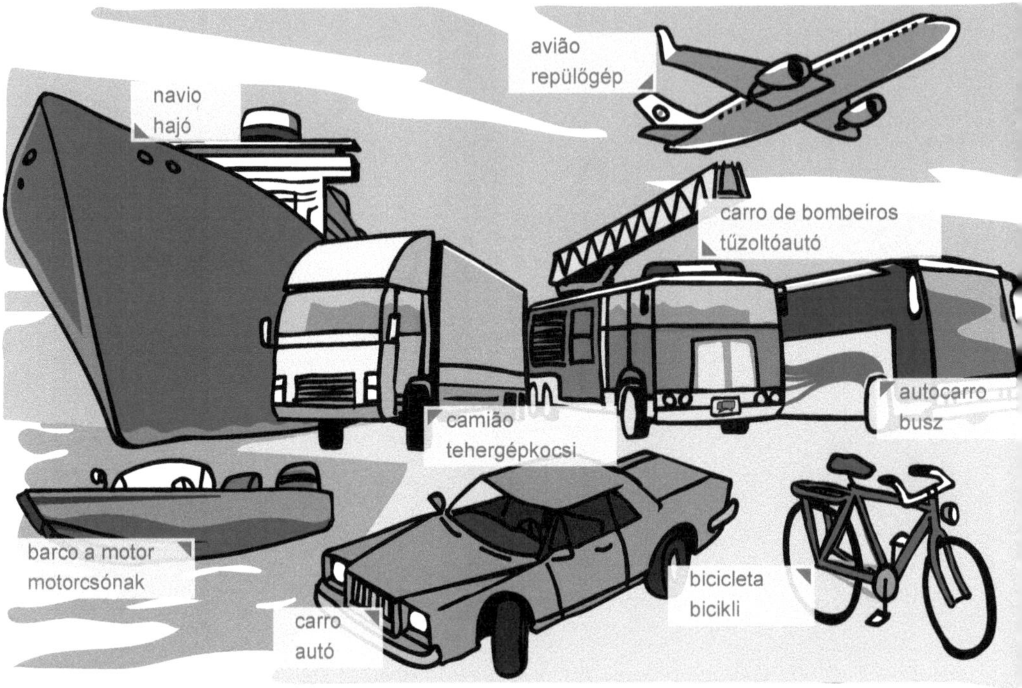

avião
repülőgép
navio
hajó
carro de bombeiros
tűzoltóautó
autocarro
busz
camião
tehergépkocsi
barco a motor
motorcsónak
bicicleta
bicikli
carro
autó

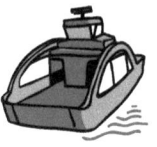

cacilheiro

komp

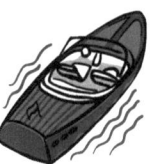

barco

csónak

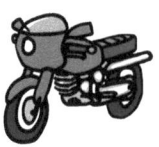

mota

motorkerékpár

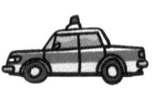

carro de polícia

rendőrautó

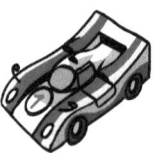

carro de corrida

versenyautó

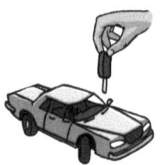

carro alugado

bérautó

carsharing

telekocsi

camião de reboque

vontató

camião do lixo

szemetes autó

motor

motor

combustível

üzemanyag

estação de serviço

benzinkút

sinal de trânsito

közlekedési tábla

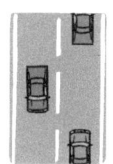

trânsito

forgalom

congestionamento de trânsito

forgalmi dugó

parque de estacionamento

parkoló

estação ferroviária

vonatállomás

carris

sinek

comboio

vonat

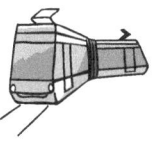

elétrico

villamos

carruagem

vagon

helicóptero

helikopter

aeroporto

repülötér

torre

torony

passageiro

utas

contentor

konténer

caixa de papelão

kartondoboz

carrinho

taliga

cesto

kosár

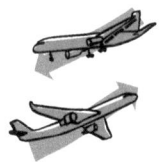

levantar voo / aterrar

felszáll / leszáll

cidade

város

aldeia

falu

centro da cidade

városközpont

casa

ház

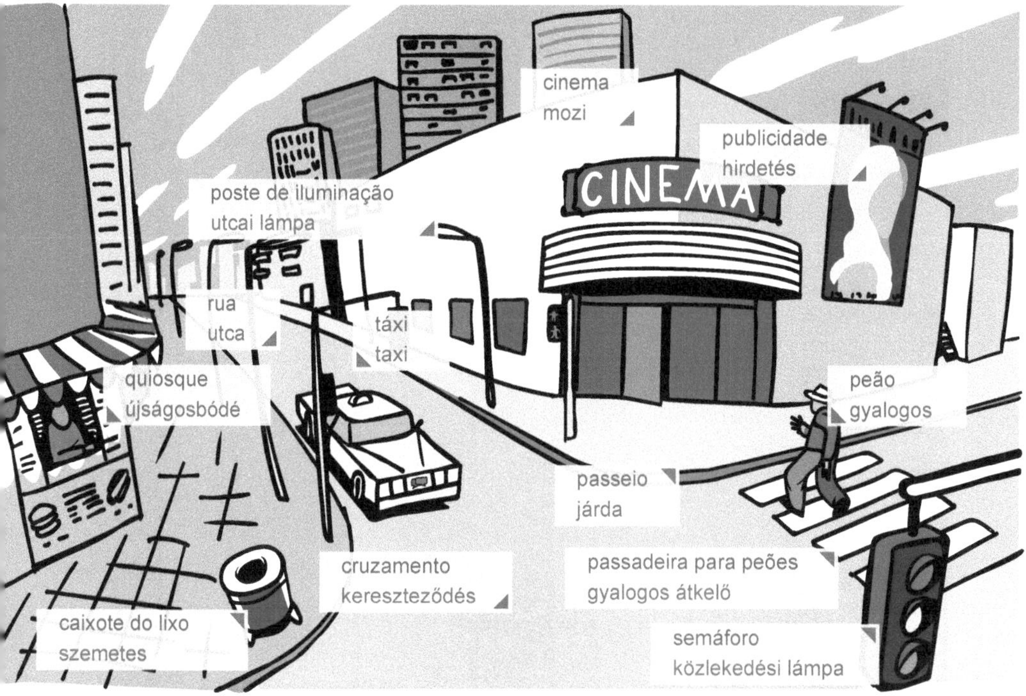

cinema
mozi
publicidade
hirdetés
CINEMA
poste de iluminação
utcai lámpa
rua
utca
táxi
taxi
quiosque
újságosbódé
peão
gyalogos
passeio
járda
cruzamento
kereszteződés
passadeira para peões
gyalogos átkelő
caixote do lixo
szemetes
semáforo
közlekedési lámpa

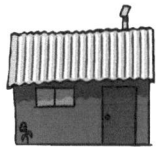

cabana

kunyhó

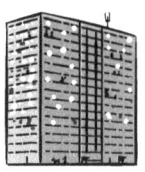

apartamento

lakás

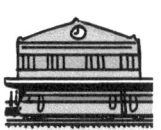

estação ferroviária

vonatállomás

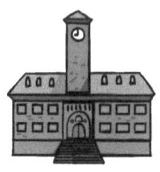

câmara municipal

városháza

MUSEUM

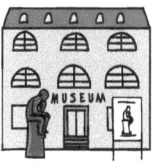

museu

múzeum

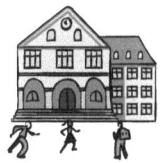

escola

iskola

universidade

egyetem

banco

bank

hospital

kórház

hotel

hotel

farmácia

gyógyszertár

escritório

iroda

livraria

könyvesbolt

loja

üzlet

florista

virágüzlet

supermercado

szupermarket

mercado

piac

loja de departamentos

áruház

peixaria

halárus

centro comercial

bevásárló központ

porto

kikötő

parque

park

banco

pad

ponte

híd

escadas

lépcső

metro

metró

túnel

alagút

paragem de autocarro

buszmegálló

bar

bár

restaurante

étterem

caixa de correio

postaláda

sinal de trânsito

utcatábla

parquímetro

parkoló óra

jardim zoológico

állatkert

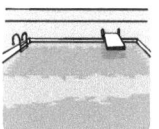

piscina

uszoda

mesquita

mecset

quinta
gazdálkodás

poluição
környezetszennyezés

cemitério
temető

igreja
templom

parque infantil
játszótér

templo
szentély

paisagem
táj

folha
levél

placa de sinalização
útjelző tábla

caminho
út

prado
rét

pedra
kő

árvore
fa

caminhantes
túrázó

rio
folyó

relva
fű

flor
virág

vale
völgy

montanha
domb

lago
tó

floresta
erdö

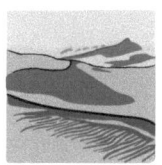

deserto
sivatag

vulcão
vulkán

castelo
kastély

arco-íris
szivárvány

cogumelo
gomba

palma
pálmafa

mosquito
szúnyog

mosca
légy

formiga
hangya

abelha
méhecske

aranha
pók

besouro

bogár

sapo

béka

esquilo

mókus

ouriço

sündisznó

lebre

nyúl

coruja

bagoly

pássaro

madár

cisne

hattyú

javali

vaddisznó

veado

szarvas

alce

rénszarvas

barragem

gát

turbina eólica

szélturbina

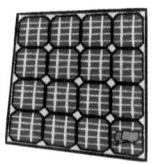

painel solar

napelem

clima

éghajlat

restaurante
étterem

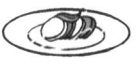

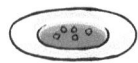

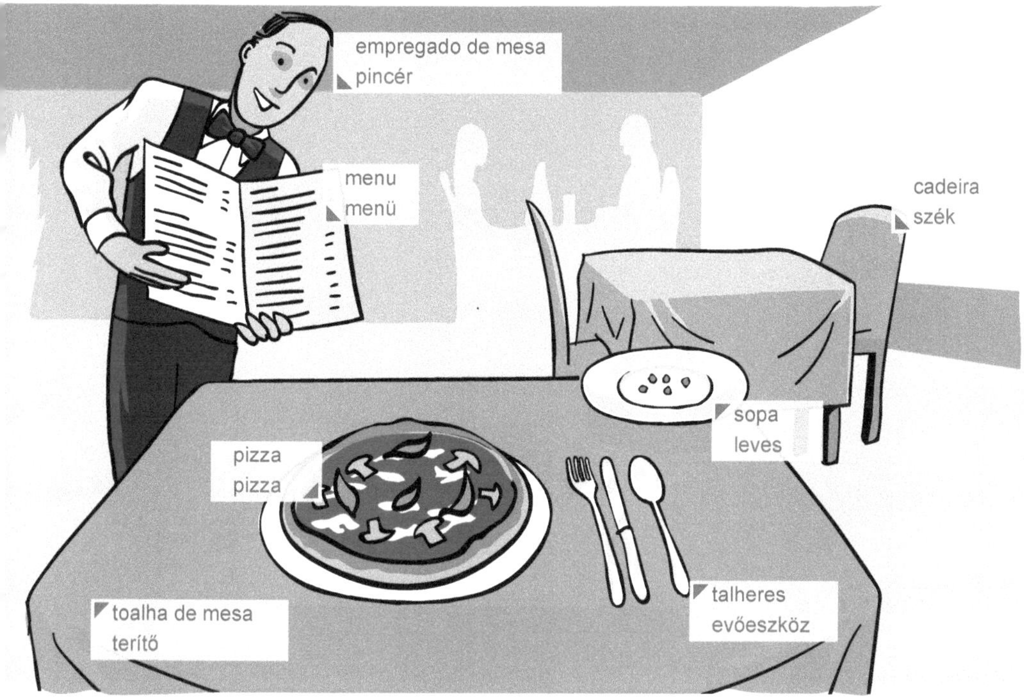
empregado de mesa
pincér
menu
menü
cadeira
szék
sopa
leves
pizza
pizza
talheres
evőeszköz
toalha de mesa
terítő

entrada
előétel

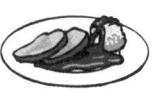

prato principal
főétel

sobremesa
desszert

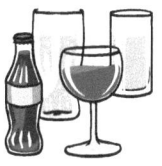

bebidas
italok

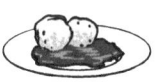

comida
étel

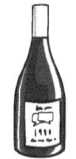

garrafa
üveg

fast food
gyorsétel

comida de rua
gyorsétel

bule de chá
teás kanna

açucareiro
cukortartó

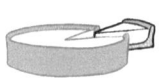

porção
adag

máquina de café expresso
eszpresszógép

cadeira alta
bárszék

conta
számla

bandeja
tálca

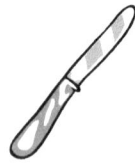

faca
kés

garfo
villa

colher
kanál

colher de chá
teáskanál

guardanapo
szalvéta

copo
pohár

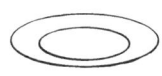

prato

tányér

prato de sopa

leveses tányér

pires

csészealj

molho

szósz

saleiro

sószóró

moinho de pimenta

borsörlö

vinagre

ecet

óleo

étkezési olaj

especiarias

fűszerek

ketchup

ketchup

mostarda

mustár

maionese

majonéz

supermercado

szupermarket

oferta especial
különleges ajánlat
cliente
ügyfél
laticínios
tejtermék
FOR
fruta
gyümölcsök
carrinho de compras
bevásárló kocsi

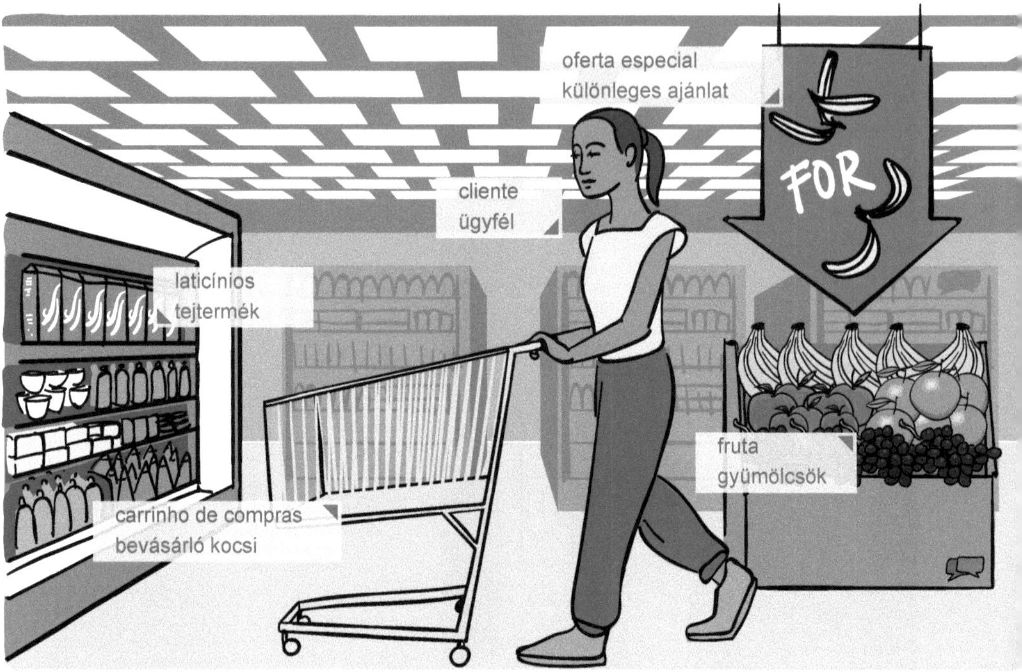

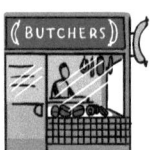

BUTCHERS

talho

hentes

BAKERY

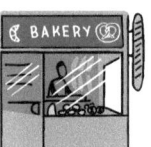

padaria

pékség

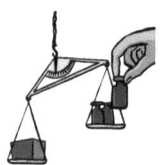

pesar

nyom valamennyit

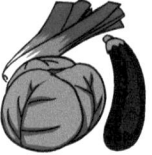

vegetais

zöldség

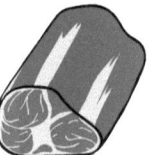

carne

hús

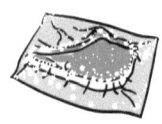

alimentos congelados

fagyasztott áru

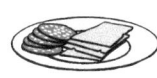

charcutaria

felvágott

comida enlatada

konzerv

detergente em pó

mosópor

doces

édességek

artigos domésticos

háztartási termék

produtos de limpeza

tisztítószerek

vendedora

eladó

caixa

pénztárgép

caixa

eladó

lista de compras

bevásárló lista

horário de funcionamento

nyitva tartás

carteira

levéltárca

cartão de crédito

hitelkártya

saco

zacskó

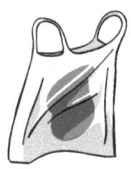

saco de plástico

müanyag zacskó

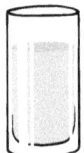

água
víz

sumo
gyümölcslé

leite
tej

coca-cola
kóla

vinho
bor

cerveja
sör

álcool
alkohol

cacau
kakaó

chá
tea

café
kávé

café expresso
eszpresszó

capuccino
kapucsínó

banana
banán

maçã
alma

laranja
narancs

melão
sárgadinnye

limão
citrom

cenoura
sárgarépa

alho
fokhagyma

bambu
bambusz

cebola
hagyma

cogumelo
gomba

nozes
magvak

talharim
nokedli

esparguete

spagetti

arroz

rizs

salada

saláta

batatas fritas

sült krumpli

batatas fritas

sült burgonya

pizza

pizza

hambúrguer

hamburger

sanduíche

szendvics

bife panado

hússzelet

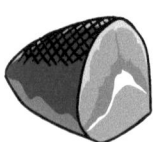

fiambre

sonka

salame

szalámi

salsicha

kolbász

galinha

csirke

assado

pecsenye

peixe

hal

comida - étel

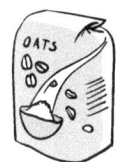

flocos de aveia

zabkása

muesli

müzli

flocos de milho

kukoricapehely

farinha

liszt

croissant

croissant

carcaça (pãozinho)

zsemle

pão

kenyér

torrada

pirítós kenyér

biscoitos

keksz

manteiga

vaj

requeijão

túró

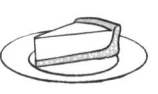

bolo

sütemény

ovo

tojás

ovo estrelado

tükörtojás

queijo

sajt

gelado

jégkrém

açúcar

cukor

mel

méz

compota

lekvár

creme de nougat

mogyorókrém

caril

curry

quinta
gazdálkodás

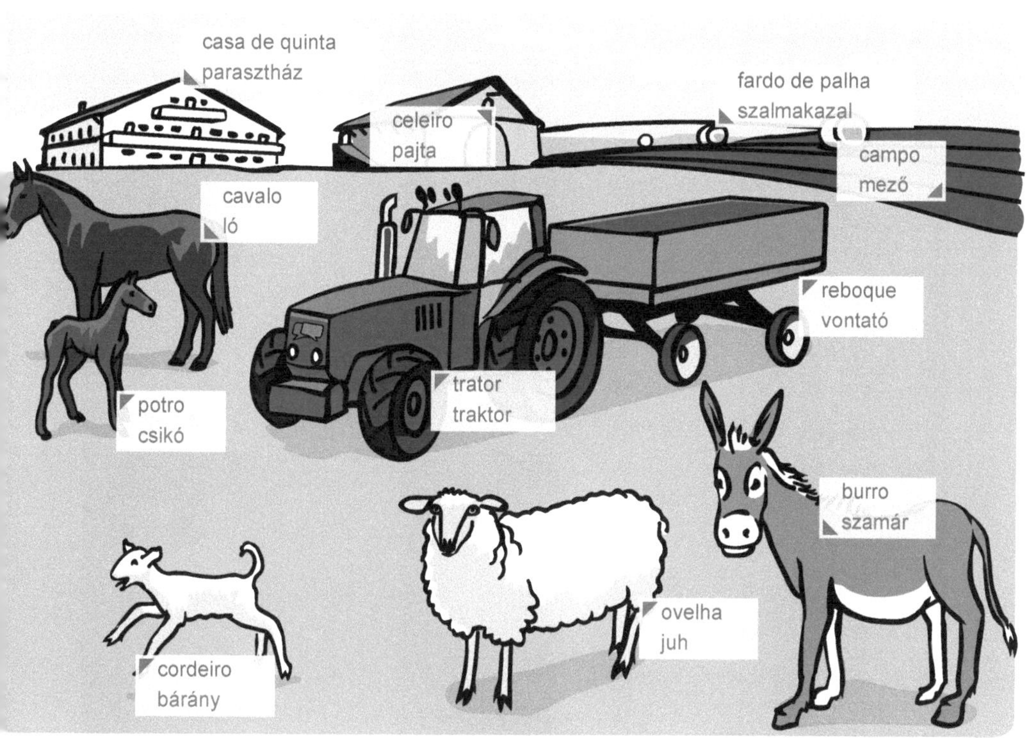
casa de quinta
parasztház
celeiro
pajta
fardo de palha
szalmakazal
campo
mező
cavalo
ló
reboque
vontató
trator
traktor
potro
csikó
burro
szamár
ovelha
juh
cordeiro
bárány

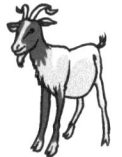

cabra
kecske

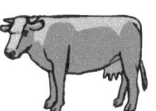

vaca
tehén

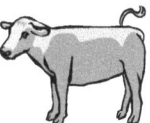

bezerro
borjú

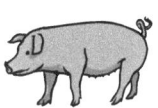

porco
malac

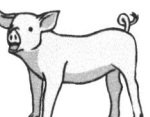

leitão
kismalac

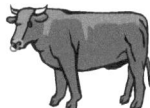

touro
bika

ganso

liba

pato

kacsa

pintainho

csibe

galinha

tojó

galo

kakas

ratazana

patkány

gato

macska

rato

egér

boi

ökör

cão

kutya

casota

kutyaház

mangueira de jardim

kerti öntözőcső

regador

öntözőkanna

foice

kasza

arado

eke

foice

sarló

enxada

kapa

forquilha

vasvilla

machado

fejsze

carrinho de mão

talicska

manjedoura

teknö

jarro de leite

tejes kancsó

saco

zsák

cerca

kerítés

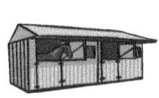

estábulo

istálló

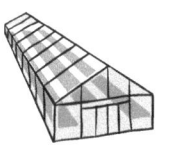

estufa

üvegház

solo

talaj

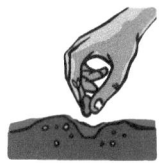

semente

vetömag

fertilizante

trágya

ceifeira-debulhadora

cséplögép

colher
....
szüretelni

colheita
....
betakarítás

inhame
....
yamgyökér

trigo
....
búza

soja
....
szója

batata
....
burgonya

milho
....
kukorica

colza
....
repcemag

árvore de fruto
....
gyümölcsfa

mandioca
....
manióka

cereais
....
gabona

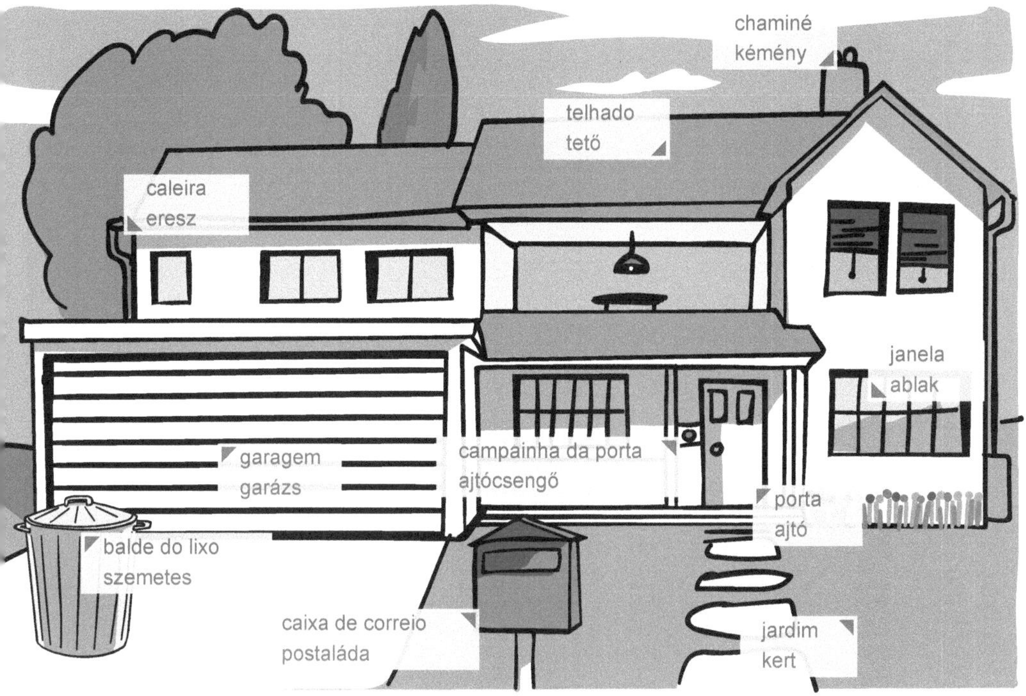

chaminé
kémény

telhado
tető

caleira
eresz

janela
ablak

garagem
garázs

campainha da porta
ajtócsengő

porta
ajtó

balde do lixo
szemetes

caixa de correio
postaláda

jardim
kert

sala de estar

nappali

casa de banho

fürdőszoba

cozinha

konyha

quarto de dormir

hálószoba

quarto de criança

gyerekszoba

sala de jantar

ebédlő

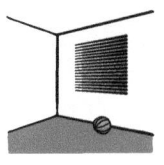

chão
padló

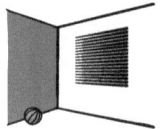

parede
fal

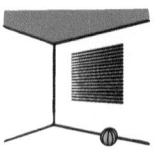

teto
plafon

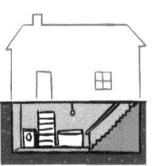

cave
pince

sauna
szauna

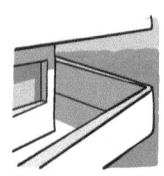

varanda
erkély

terraço
terasz

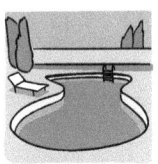

piscina
medence

máquina de cortar relvado
fűnyíró

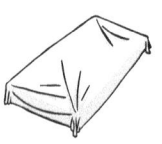

lençol
lepedö

cobertor
ágytakaró

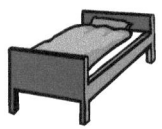

cama
ágy

vassoura
seprű

balde
vödör

interruptor
kapcsoló

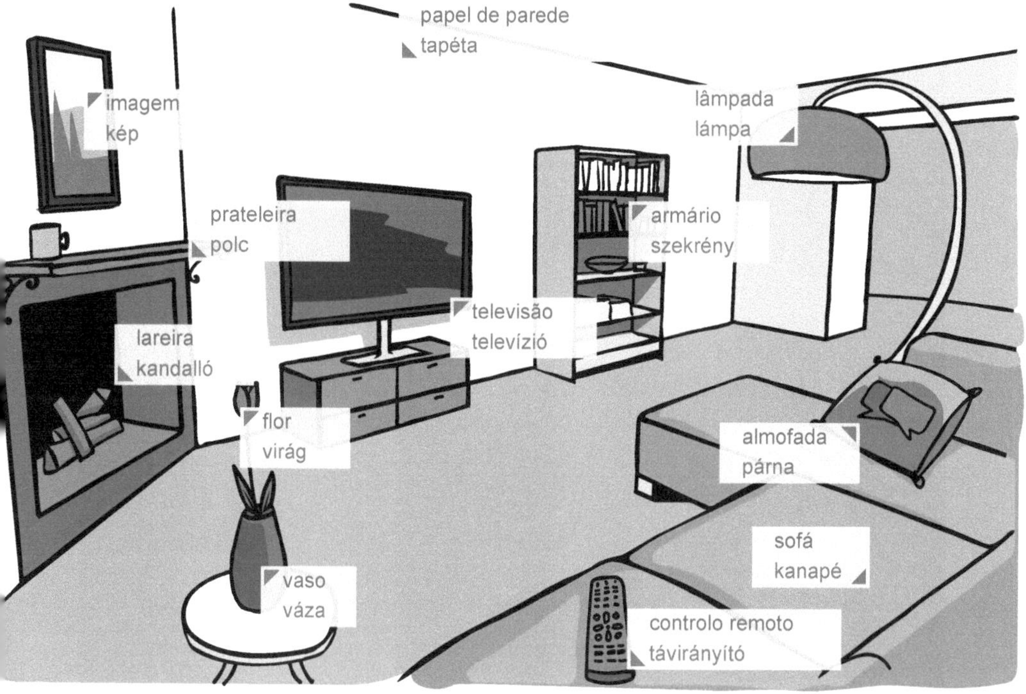

papel de parede
tapéta

imagem
kép

lâmpada
lámpa

prateleira
polc

armário
szekrény

lareira
kandalló

televisão
televízió

flor
virág

almofada
párna

sofá
kanapé

vaso
váza

controlo remoto
távirányító

tapete

szőnyeg

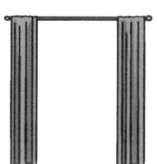

cortina

függöny

mesa

asztal

cadeira

szék

cadeira de baloiço

hintaszék

poltrona

karosszék

livro

könyv

cobertor

takaró

decoração

dekoráció

lenha

tüzifa

filme

film

sistema estéreo

hifi

chave

kulcs

jornal

újság

pintura

festmény

póster

poszter

rádio

rádió

bloco de notas

jegyzetfüzet

aspirador

porszívó

cato

kaktusz

vela

gyertya

cozinha
konyha

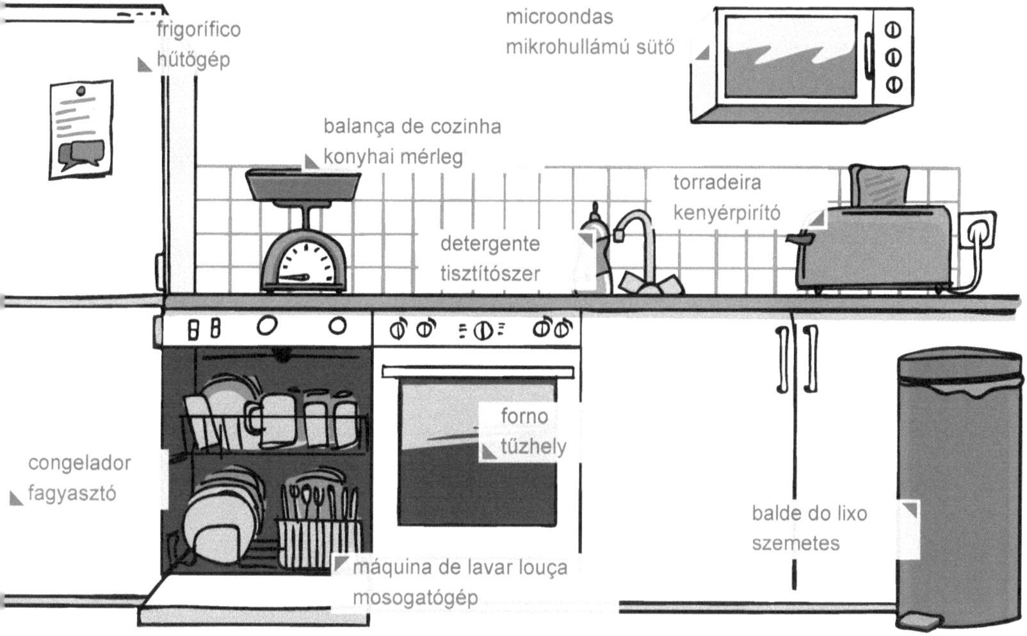

frigorífico
hűtőgép
microondas
mikrohullámú sütő
balança de cozinha
konyhai mérleg
torradeira
kenyérpirító
detergente
tisztítószer
forno
tűzhely
congelador
fagyasztó
balde do lixo
szemetes
máquina de lavar louça
mosogatógép

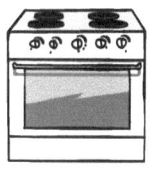

fogão
tűzhely

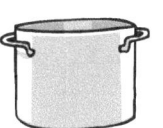

panela
edény

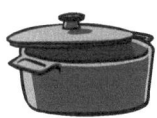

panela de ferro
vasfazék

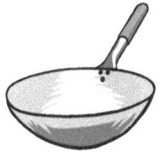

wok / kadai
wok / kadai

frigideira
serpenyő

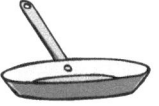

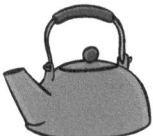

chaleira
vízforraló

panela a vapor

pároló

tabuleiro de forno

tepsi

louça

étkészlet

caneca

bögre

tigela

tálka

pauzinhos

evőpálcika

concha de sopa

merőkanál

espátula

keverőlapátka

batedor de claras

habverő

escorredor

szűrő

peneira

szita

ralador

reszelő

almofariz

mozsár

churrasqueira

grillsütő

lareira

kandalló

tábua de cortar

vágódeszka

rolo da massa

sodrófa

saca-rolhas

dugóhúzó

lata

doboz

abridor de latas

konzervnyitó

luvas de forno

edényfogó

lava-loiça

mosogató

escova

kefe

esponja

szivacs

liquidificador

turmixgép

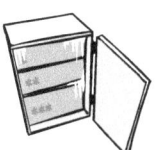

arca frigorífica

mélyhűtö

biberão

cumisüveg

torneira

csap

casa de banho
fürdőszoba

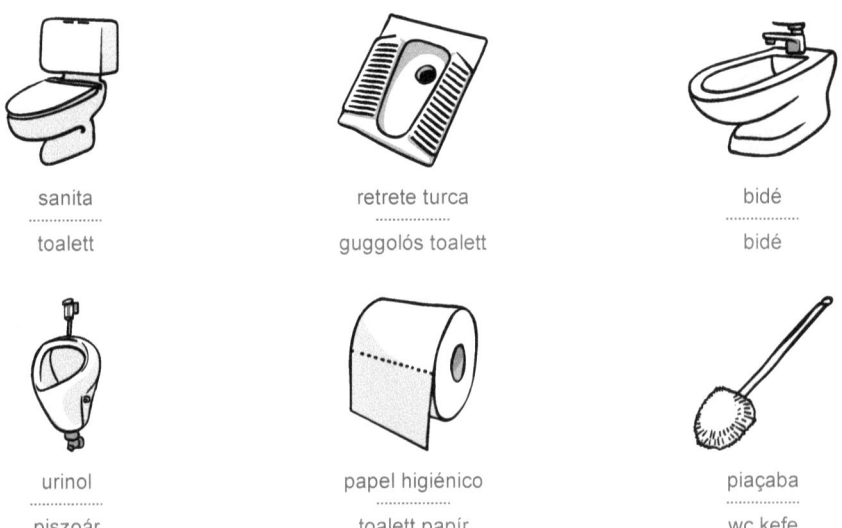

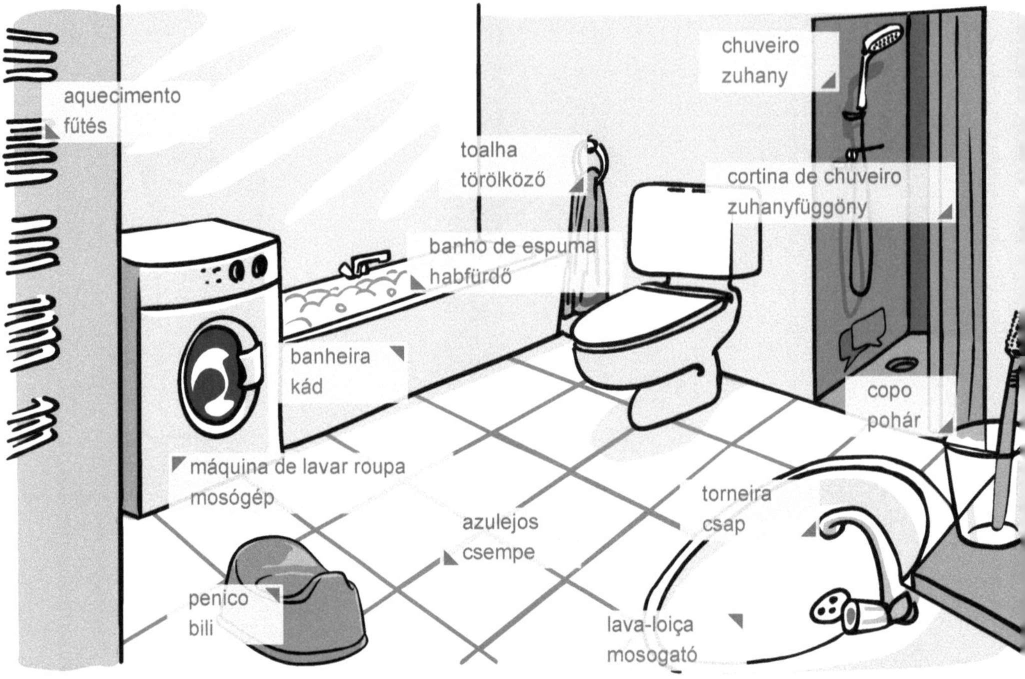

aquecimento
fűtés
toalha
törölköző
chuveiro
zuhany
cortina de chuveiro
zuhanyfüggöny
banho de espuma
habfürdő
banheira
kád
copo
pohár
máquina de lavar roupa
mosógép
torneira
csap
azulejos
csempe
penico
bili
lava-loiça
mosogató

sanita
toalett

retrete turca
guggolós toalett

bidé
bidé

urinol
piszoár

papel higiénico
toalett papír

piaçaba
wc kefe

escova de dentes

fogkefe

pasta de dentes

fogkrém

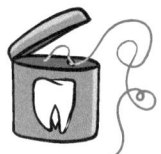

fio dentário

fogselyem

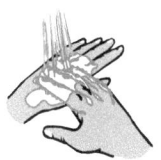
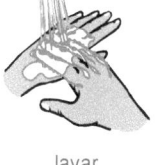

lavar

mosni

chuveiro de mão

kézi zuhany

duche íntimo

intimzuhany

bacia

mosdótál

escova para as costas

hátmosó kefe

sabonete

szappan

gel de banho

tusfürdö

champô

sampon

toalha de rosto

mosdókesztyű

escoamento

lefolyó

creme

krém

desodorizante

dezodor

espelho

tükör

espelho de mão

kézitükör

máquina de barbear

borotva

creme de barbear

borotvahab

loção pós-barba

borotválkozás utáni
arcszesz

pente

fésű

escova

hajkefe

secador de cabelo

hajszárító

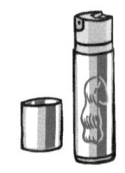

spray de cabelo

hajlakk

maquilhagem

smink

batom

ajakrúzs

verniz de unhas

körömlakk

algodão

vatta

tesoura para unhas

körömvágó olló

perfume

parfüm

nécessaire

neszesszer

tamborete

sámli

balança

mérleg

roupão de banho

köntös

luvas de borracha

gumikesztyü

tampão

tampon

penso higiénico

egészségügyi betét

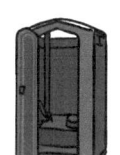

WC químico

vegyi WC

quarto de criança
gyerekszoba

despertador
ébresztő óra
peluche
plüssállat
carro de brincar
játékautó
chocalho
csörgő
casa de bonecas
babaház
presente
ajándék

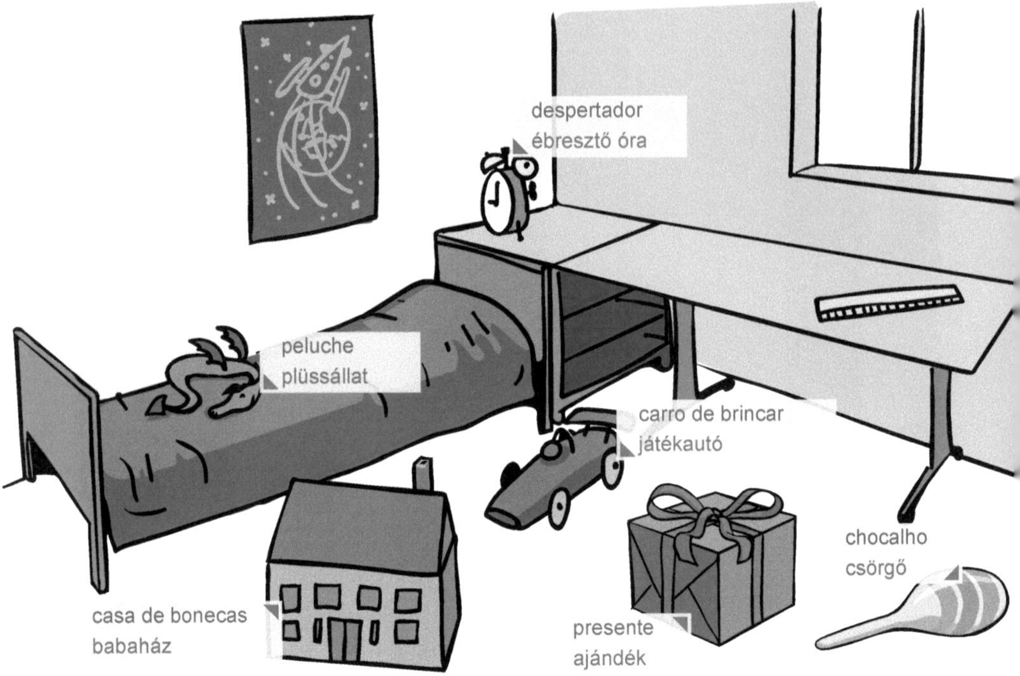

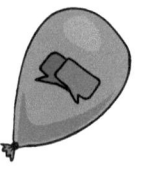

balão

lufi

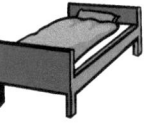

cama

ágy

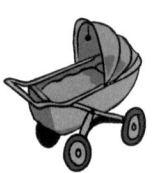

carrinho de bebé

babakocsi

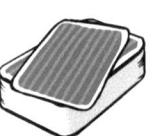

jogo de cartas

kártyapakli

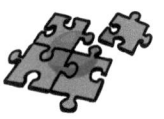

quebra-cabeças

kirakós játék

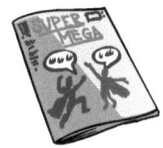

banda desenhada

képregény

peças de Lego

építökockák

blocos de construção

építőelem

figura de ação

szuperhős

fato de bebé

rugdalózó

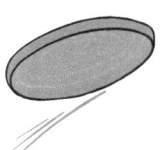

Frisbee

frizbi

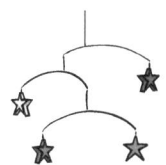

móbile para bebé

zenélő forgó

jogo de tabuleiro

társasjáték

dados

kocka

pista de comboio elétrico

modellvasút

chupeta

cumi

festa

zsúr

livro ilustrado

képeskönyv

bola

labda

boneca

baba

jogar

játszani

caixa de areia

homokozó

baloiço

hinta

brinquedos

játékok

consola de jogos

videójáték konzol

triciclo

tricikli

ursinho de peluche

teddi maci

guarda-roupa

ruhásszekrény

vestuário
ruházat

meias

zokni

meias pelo joelho

harisnya

meias-calças

harisnyanadrág

cachecol
sál

guarda-chuva
esernyő

t-shirt
póló

cinto
öv

botas
csizma

chinelos
papucs

sapatilhas
tornacipő

sandálias

szandál

sapatos

cipö

botas de borracha

gumicsizma

cuecas

alsónadrág

sutiã

melltartó

camisola interior

mellény

vestuário - ruházat

body

body

calças

nadrág

calças de ganga

farmer

saia

szoknya

blusa

blúz

camisa

ing

pulôver

pulóver

camisola com capuz

kapucnis pulóver

blazer

blézer

casaco

dzseki

manto

kabát

gabardina

esökabát

traje

kosztüm

vestido

ruha

vestido de casamento

esküvöi ruha

fato

öltöny

camisa de dormir

hálóing

pijama

pizsama

sari

szári

lenço de cabeça

fejkendö

turbante

turbán

burca

burka

cafetã

kaftán

abaya

abaya

fato de banho

fürdöruha

calções de banho

fürdönadrág

calções

rövidnadrág

fato de treino

tréningruha

avental

kötény

luvas

kesztyü

botão
gomb

óculos
szemüveg

pulseira
karkötő

colar
nyaklánc

anel
gyűrű

brinco
fülbevaló

boné
sapka

cabide
vállfa

chapéu
kalap

gravata
nyakkendö

fecho de correr
cipzár

capacete
bukósisak

suspensórios
nadrágtartó

uniforme escolar
iskolai egyenruha

uniforme
egyenruha

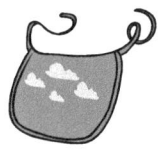

babete

előke

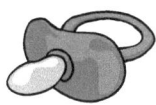

chupeta

cumi

fralda

pelenka

escritório
iroda

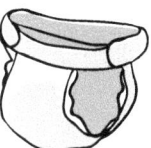

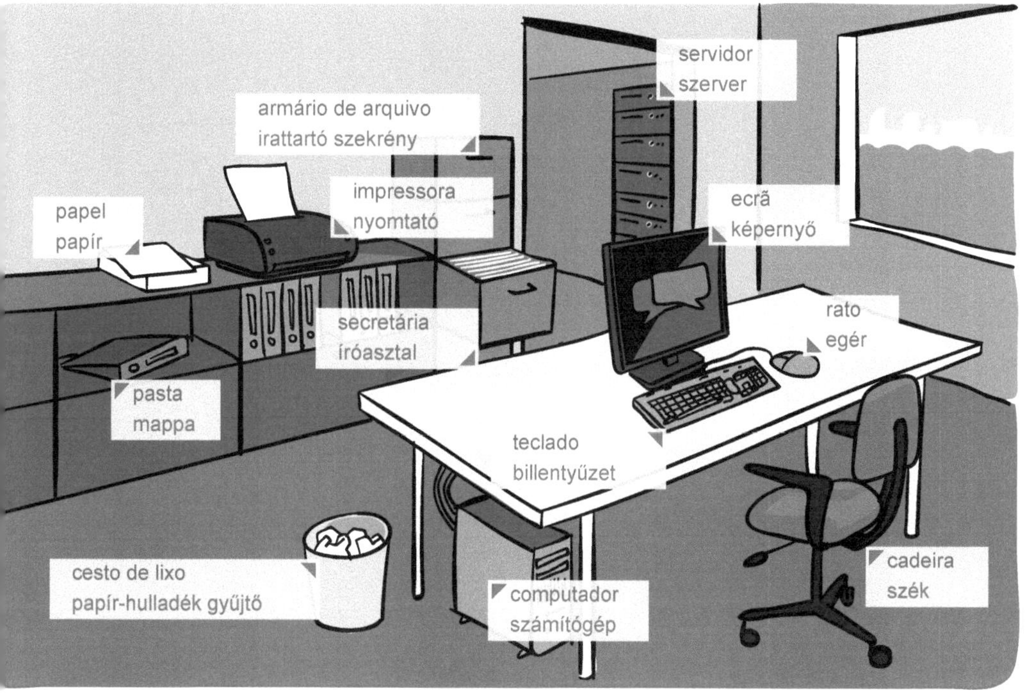

servidor
szerver
armário de arquivo
irattartó szekrény
impressora
nyomtató
papel
papír
ecrã
képernyő
rato
egér
secretária
íróasztal
pasta
mappa
teclado
billentyűzet
cesto de lixo
papír-hulladék gyűjtő
computador
számítógép
cadeira
szék

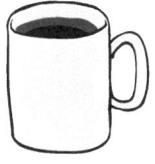

caneca de café

kávéscsésze

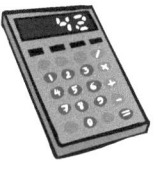

calculadora

számológép

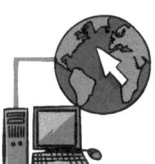

internet

internet

computador portátil
laptop

carta
levél

mensagem
üzenet

telemóvel
mobiltelefon

rede
hálózat

fotocopiadora
fénymásoló

software
szoftver

telefone
telefon

tomada elétrica
konnektor

fax
faxgép

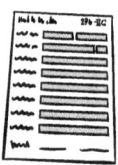

formulário
formanyomtatvány

documento
dokumentum

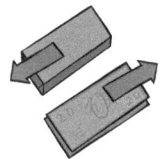

comprar

venni

pagar

fizetni

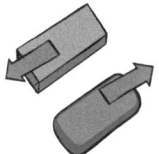

negociar

kereskedni

dinheiro

pénz

 **USD**

dólar

dollár

 **EUR**

euro

euró

 **JPY**

yen

jen

 **RUB**

rublo

rubel

 **CHF**

franco suíço

svájci frank

 **CNY**

renminbi yuan

kínai jüan

 **INR**

rupia

rúpia

caixa de multibanco

bankautomata

casa de câmbio

valutaváltó iroda

ouro

arany

prata

ezüst

petróleo

olaj

energia

energia

preço

ár

contrato

szerződés

imposto

adó

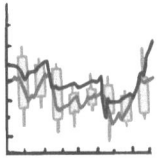

ação

részvény

trabalhar

dolgozni

empregado

munkavállaló

entidade patronal

munkaadó

fábrica

gyár

loja

üzlet

profissões
foglalkozások

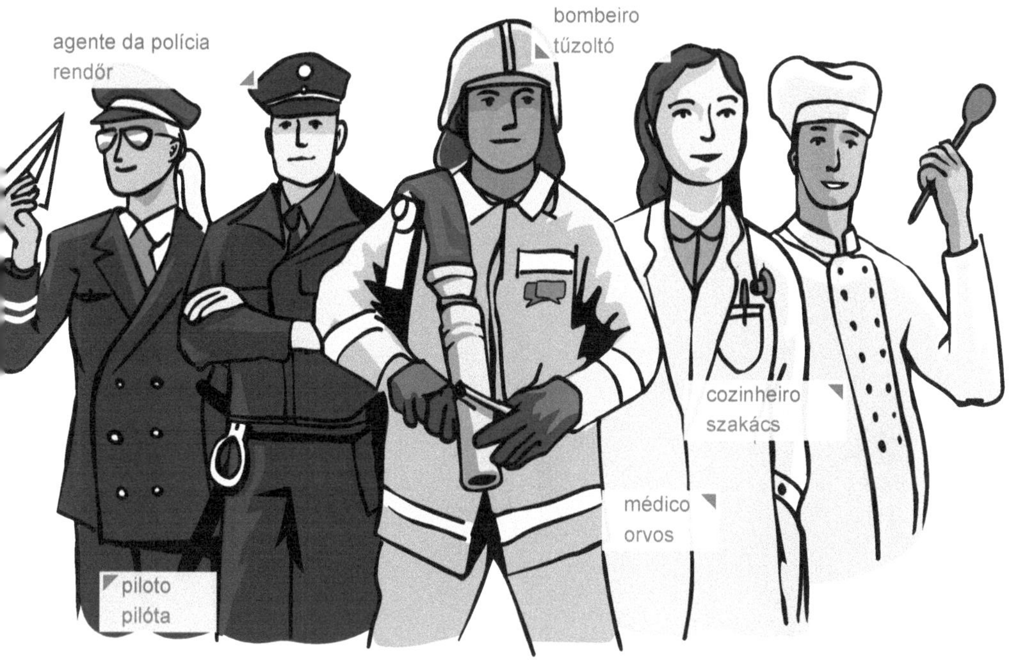
agente da polícia
rendőr
bombeiro
tűzoltó
cozinheiro
szakács
médico
orvos
piloto
pilóta

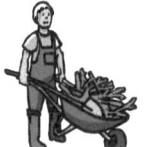

jardineiro
kertész

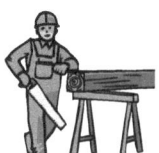

carpinteiro
kárpitos

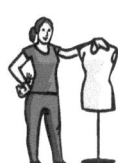

costureira
varrónő

juiz
bíró

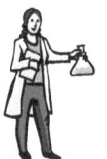

químico
vegyész

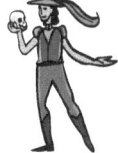

ator
színész

motorista de autocarro

buszsofőr

motorista de táxi

taxisofőr

pescador

halász

empregada de limpeza

bejárónő

telhador

tetőfedő

empregado de mesa

pincér

caçador

vadász

pintor

festő

padeiro

pék

eletricista

villanyszerelő

construtor

építőmunkás

engenheiro

mérnök

talhante

hentes

canalizador

vízvezeték-szerelő

carteiro

postás

soldado

katona

arquiteto

építész

caixa

eladó

florista

virágos

cabeleireiro

fodrász

controlador de bilhetes

kalauz

mecânico

műszerész

capitão

kapitány

dentista

fogorvos

cientista

tudós

rabino

rabbi

imã

imám

monge

szerzetes

pastor

lelkész

ferramentas
szerszámok

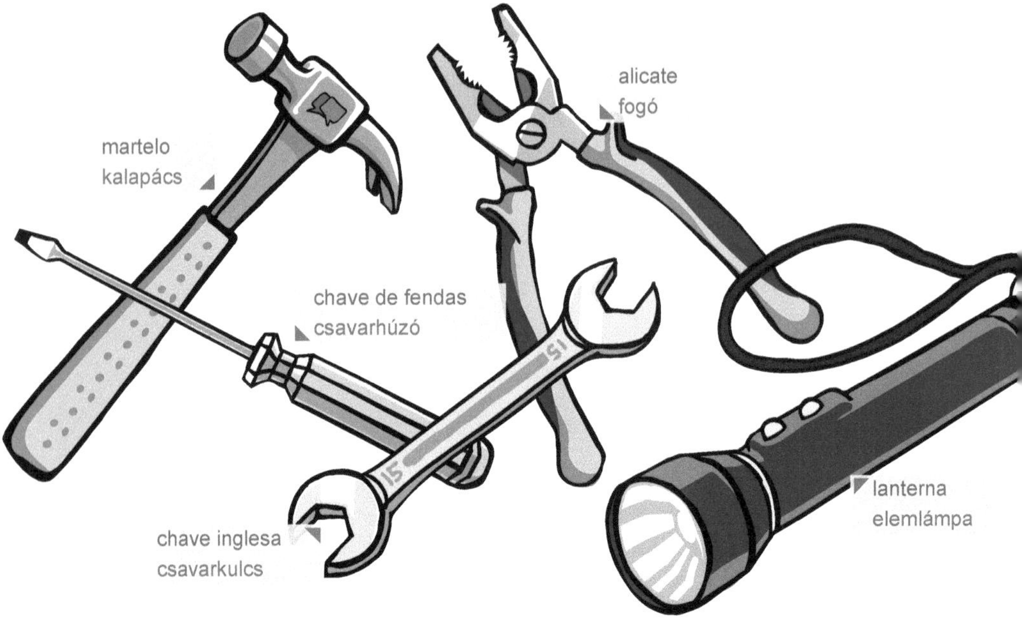
martelo
kalapács
alicate
fogó
chave de fendas
csavarhúzó
chave inglesa
csavarkulcs
lanterna
elemlámpa

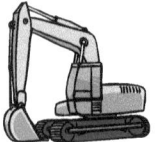

escavadora
....
markológép

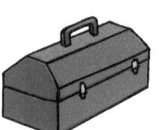

caixa de ferramentas
....
szerszámosláda

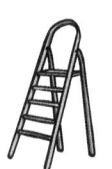

escadote
....
vödör

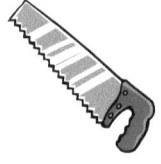

serra
....
fűrész

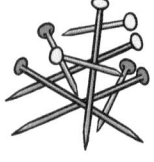

pregos
....
szög

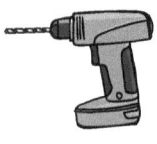

broca
....
fúrógép

reparar
megjavítani

pá
lapát

porcaria!
A francba!

pá de lixo
szemétlapát

pote de tinta
festékesdoboz

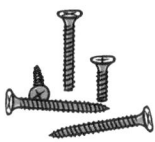

parafusos
csavar

instrumentos musicais
hangszerek

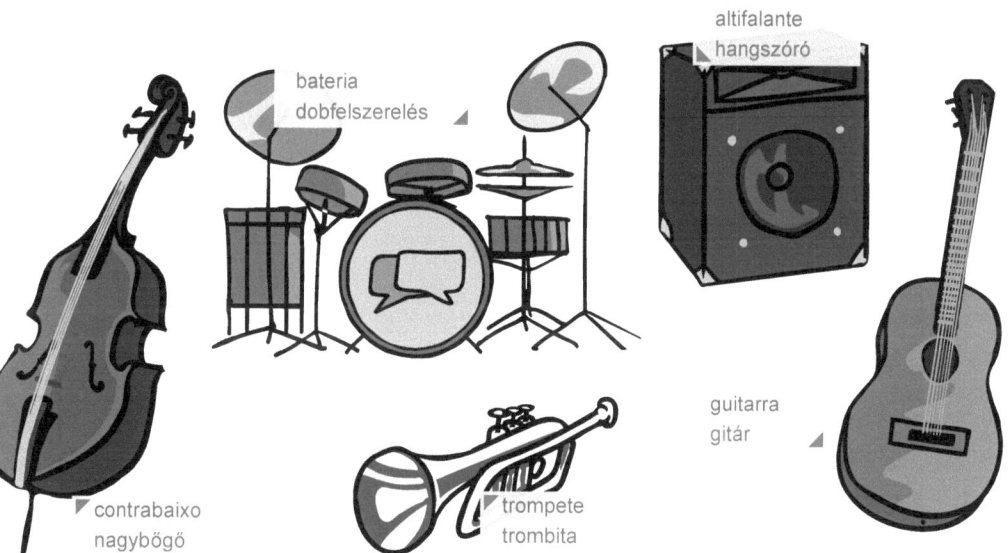

altifalante
hangszóró

bateria
dobfelszerelés

guitarra
gitár

contrabaixo
nagybögő

trompete
trombita

piano

zongora

violino

hegedű

baixo

basszusgitár

timbales

üstdob

tambor

dobok

teclado

digitális zongora

saxofone

szaxofon

flauta

fuvola

microfone

mikrofon

instrumentos musicais - hangszerek

jardim zoológico
állatkert

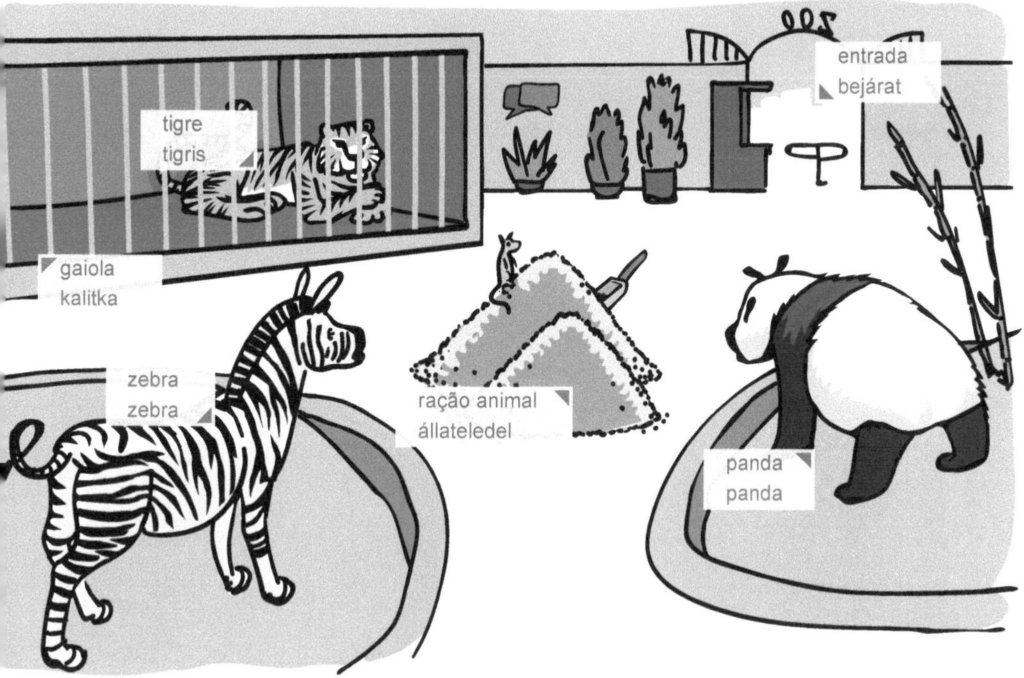

tigre
tigris
entrada
bejárat
gaiola
kalitka
zebra
zebra
ração animal
állateledel
panda
panda

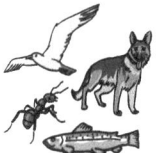

animais
állatok

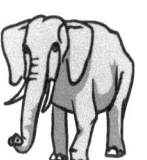

elefante
elefánt

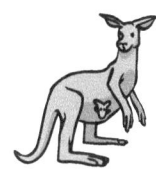

canguru
kenguru

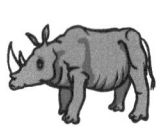

rinoceronte
orrszarvú

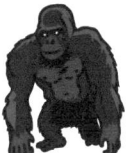

gorila
gorilla

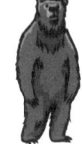

urso
medve

camelo

teve

avestruz

strucc

leão

oroszlán

macaco

majom

flamingo

flamingó

papagaio

papagáj

urso polar

jegesmedve

pinguim

pingvin

tubarão

cápa

pavão

páva

cobra

kígyó

crocodilo

krokodil

guarda do jardim zoológico

állatgondozó

foca

fóka

jaguar

jaguár

pónei

póniló

leopardo

leopárd

hipopótamo

víziló

girafa

zsiráf

águia

sas

javali

vaddisznó

peixe

hal

tartaruga

teknös

morsa

rozmár

raposa

róka

gazela

gazella

futebol americano
amerikai futball

ciclismo
kerékpározás

ténis
tenisz

basquetebol
kosárlabda

natação
úszás

boxe
boksz

hóquei no gelo
jégkorong

futebol
futball

badminton
tollas

atletismo
atlétika

andebol
kézilabda

esqui
síelés

polo
lovaspóló

saltar
ugrani

abraçar
ölelni

rir
nevetni

cantar
énekelni

andar
sétálni

sonhar
álmodni

rezar
dicsérni

beijar
csókolni

escrever
írni

desenhar
rajzolni

mostrar
mutatni

empurrar
tolni

dar
adni

tomar
vinni

ter
birtokolni

fazer
csinálni

ser
lenni

ficar de pé
állni

correr
futni

puxar
húzni

remessar
hajít

cair
esni

deitar
hazudni

esperar
várni

carregar
vinni

sentar
ülni

vestir
felvenni

dormir
aludni

acordar
felébredni

olhar para

ránézni

chorar

sírni

acariciar

simogat

pentear

fésülni

falar

beszélni

compreender

megérteni

perguntar

kérdezni

ouvir

hallgatni

beber

inni

comer

enni

arrumar

takarítani

amar

szeretni

cozinhar

főzni

conduzir

vezetni

voar

szállni

velejar

vitorlázni

calcular

számol

ler

olvasni

aprender

tanulni

trabalhar

dolgozni

casar

házasodni

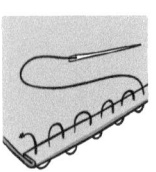

costurar

varrni

escovar os dentes

fogat mosni

matar

ölni

fumar

dohányozni

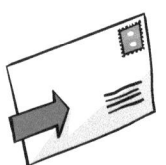

enviar

küldeni

atividades - tevékenységek

avó
nagymama

avô
nagypapa

pai
apa

mãe
anya

bebé
kisbaba

filha
lány

filho
fiú

convidado

vendég

tia

nagynéni

tio

nagybácsi

irmão

fiútestvér

irmã

lánytestvér

corpo

test

testa
homlok
olho
szem
ombro
váll
dedo
ujj
cara
arc
queixo
áll
mão
kéz
perna
láb
peito
mell
braço
kar

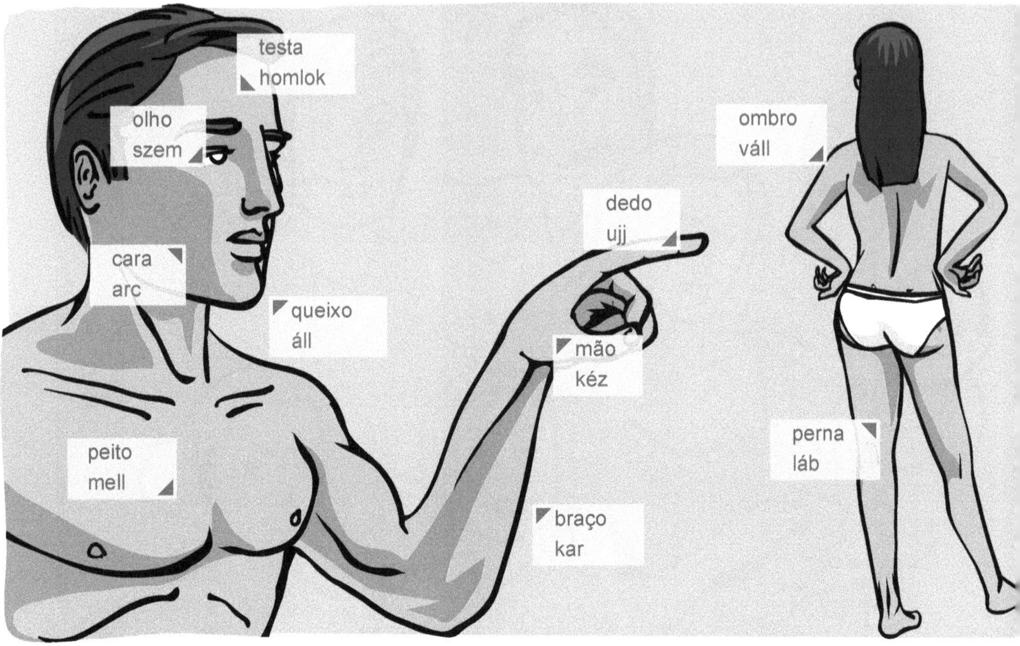

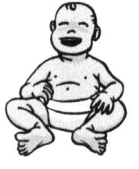

bebé

kisbaba

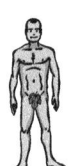

homem

ember

mulher

nő

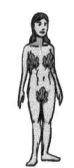

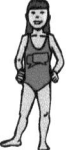

menina

lány

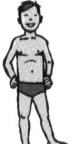

menino

fiú

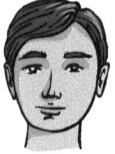

cabeça

fej

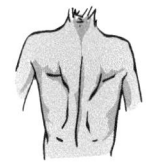

costas

hát

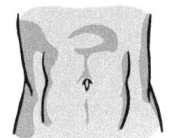

barriga

has

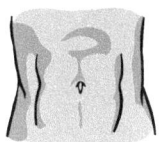

umbigo

köldök

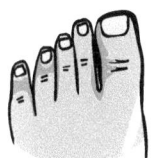

dedo do pé

lábujj

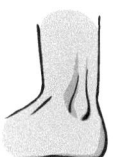

calcanhar

sarok

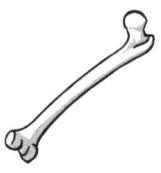

osso

csont

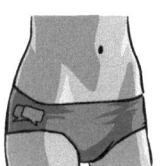

anca

csípő

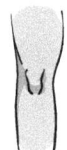

joelho

térd

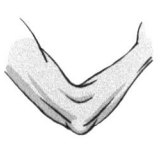

cotovelo

könyök

nariz

orr

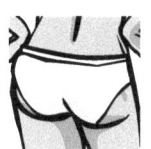

nádegas

fenék

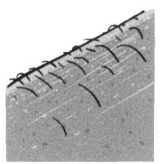

pele

bör

bochecha

orca

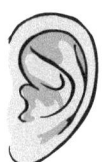

orelha

fül

lábio

ajak

boca

száj

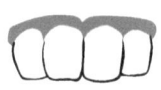

dente

fog

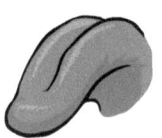

língua

nyelv

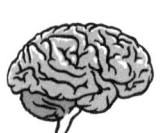

cérebro

agy

coração

szív

músculo

izom

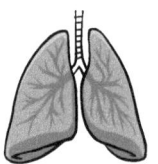

pulmão

tüdő

fígado

máj

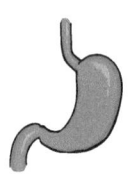

estômago

gyomor

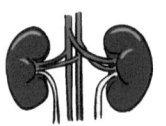

rins

vese

relações sexuais

szex

preservativo

kondom

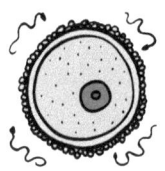

óvulo

petesejt

esperma

sperma

gravidez

terhesség

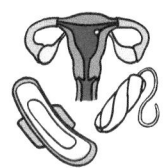

menstruação

menstruáció

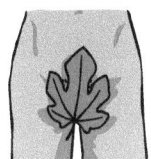

vagina

vagina

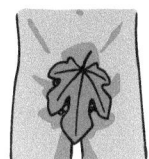

pénis

pénisz

sobrancelha

szemöldök

cabelo

haj

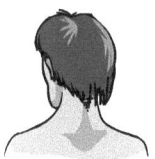

pescoço

nyak

hospital
kórház

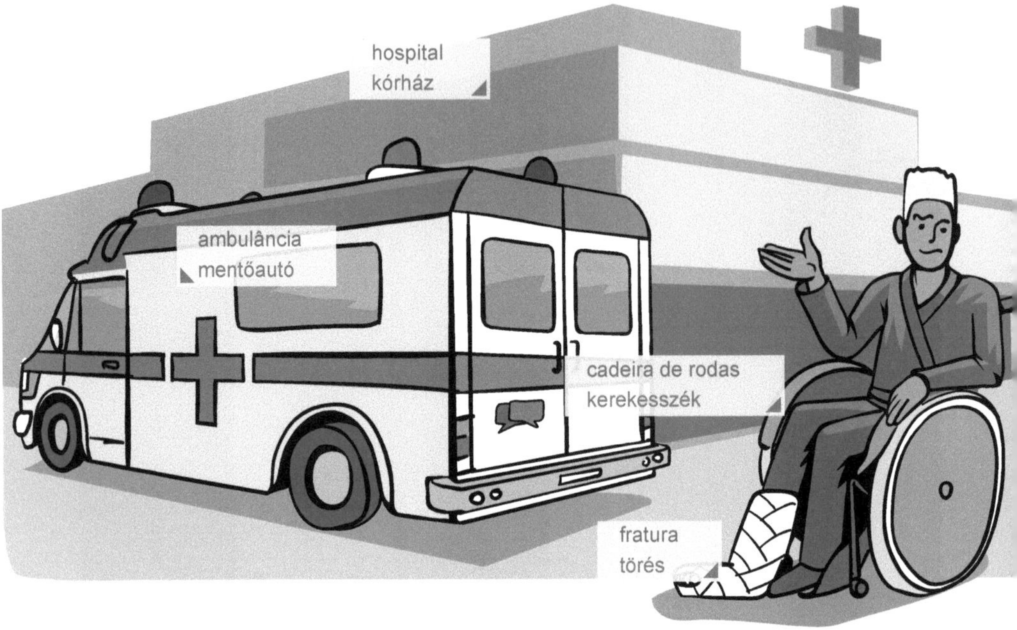

hospital
kórház
ambulância
mentőautó
cadeira de rodas
kerekesszék
fratura
törés

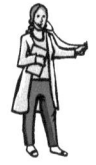

médico

orvos

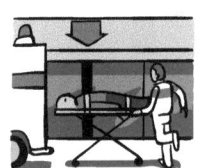

serviço de urgências

sürgősségi osztály

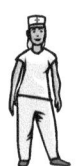

enfermeira

ápoló

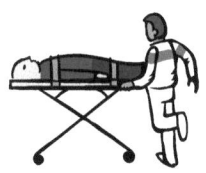

emergência

vészhelyzet

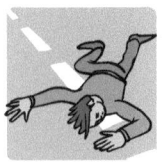

inconsciente

eszméletlen

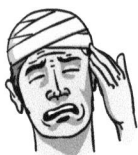

dor

fájdalom

ferimento

sérülés

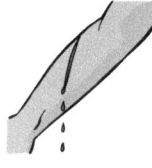

hemorragia

vérzés

ataque cardíaco

szívroham

acidente vascular cerebral

szélütés

alergia

allergia

tosse

köhögés

febre

láz

gripe

influenza

diarreia

hasmenés

dor de cabeça

fejfájás

cancro

rák

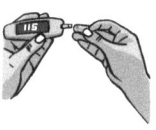

diabetes

cukorbetegség

cirurgião

sebész

bisturi

szike

operação

műtét

CT
CT

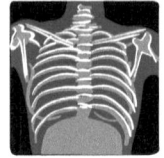

raio x
röntgen

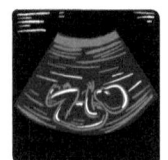

ultrassom
ultrahang

máscara
arcmaszk

doença
betegség

sala de espera
váróterem

muleta
mankó

penso rápido
sebtapasz

ligadura
kötszer

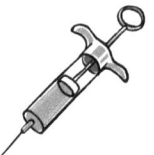

injeção
injekció

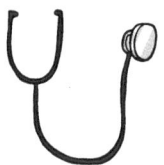

estetoscópio
sztetoszkóp

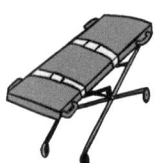

maca
hordágy

termómetro
klinikai hőmérő

nascimento
születés

excesso de peso
túlsúly

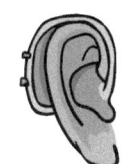

aparelho auditivo

hallókészülék

desinfetante

fertötlenítöszer

infeção

fertözés

vírus

vírus

HIV / SIDA

HIV/AIDS

medicamento

orvosság

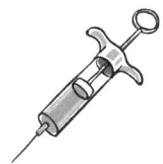

vacinação

oltás

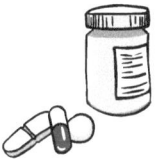

comprimidos

tabletták

pílula

tabletta

chamada de emergência

sürgösségi hívás

dispositivo de medição de
pressão arterial

vérnyomásmérö

doente / saudável

betegség / egészség

Socorro!

Segítség!

alarme

riasztás

assalto

rajtaütés

ataque

támadás

perigo

veszély

saída de emergência

vészkijárat

Fogo!

tűz!

extintor de incêndios

tűzoltókészülék

acidente

baleset

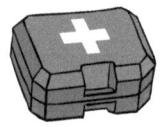

estojo de primeiros socorros

elsősegélycsomag

SOS

SOS

polícia

rendőrség

Europa

Európa

América do Norte

Észak-Amerika

América do Sul

Dél-Amerika

África

Afrika

Ásia

Ázsia

Austrália

Ausztrália

Atlântico

Atlanti-óceán

Pacífico

Csendes-óceán

Oceano Índico

Indiai-óceán

Oceano Antártico

Déli-óceán

Oceano Ártico

Jeges-tenger

Polo Norte

Északi-sark

Polo Sul

Déli-sark

Antártica

Antarktisz

terra

föld

país

szárazföld

mar

tenger

ilha

sziget

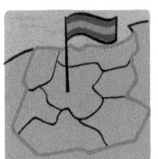

nação

nemzet

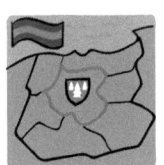

estado

állam

terra - föld

mostrador do relógio

számlap

ponteiro das horas

kismutató

ponteiro dos minutos

nagymutató

ponteiro dos segundos

másodpercmutató

Que horas são?

Mennyi az idö?

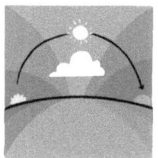

dia

nap

tempo

idö

agora

most

relógio digital

digitális óra

minuto

perc

hora

óra

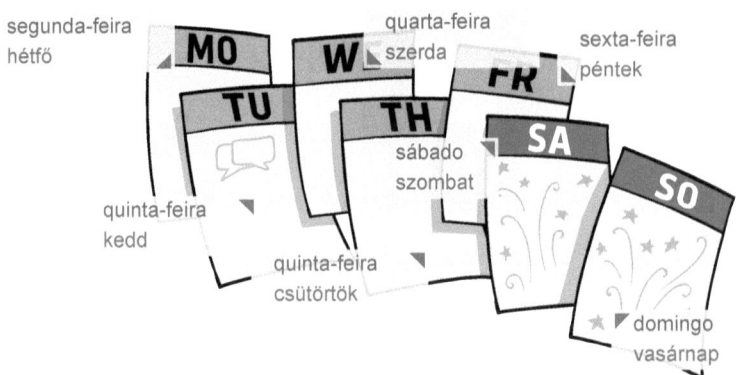

segunda-feira
hétfő

quarta-feira
szerda

sexta-feira
péntek

quinta-feira
kedd

sábado
szombat

quinta-feira
csütörtök

domingo
vasárnap

ontem

tegnap

hoje

ma

amanhã

holnap

manhã

reggel

meio-dia

dél

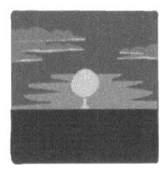

entardecer

este

dias úteis

hétköznap

fim de semana

hétvége

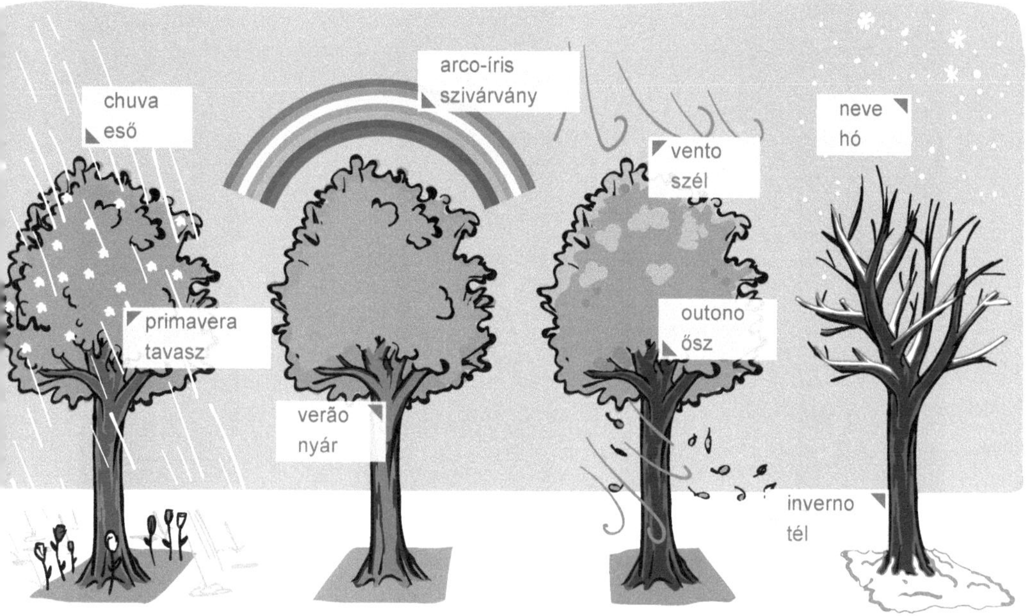

chuva
eső

arco-íris
szivárvány

vento
szél

neve
hó

primavera
tavasz

outono
ősz

verão
nyár

inverno
tél

4.APRIL	11°	☀
5.APRIL	4°	☔
6.APRIL	13°	☔
7.APRIL	8°	☀
8.APRIL	10°	☀

previsão do tempo

idöjárás elörejelzés

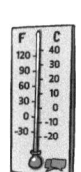

termómetro

hömérö

raios de sol

napsütés

nuvem

felhö

neblina / nevoeiro

köd

humidade do ar

páratartalom

relâmpago

villámlás

trovão

mennydörgés

tempestade

vihar

granizo

jégeső

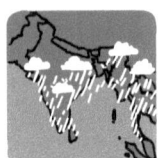

monção

monszun

inundação

áradás

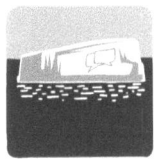

gelo

jég

janeiro

január

fevereiro

február

março

március

abril

április

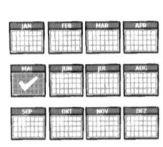

maio

május

junho

június

julho

július

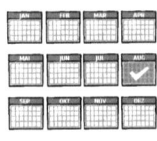

agosto

augusztus

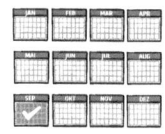

setembro
·················
szeptember

outubro
·················
október

novembro
·················
november

dezembro
·················
december

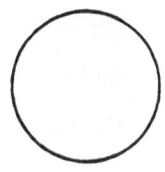

círculo
·················
kör

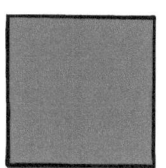

quadrado
·················
négyzet

retângulo
·················
téglalap

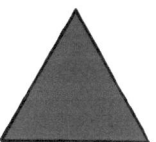

triângulo
·················
háromszög

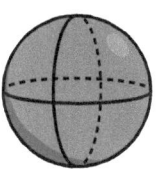

esfera
·················
gömb

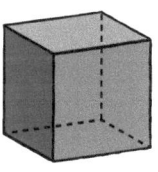

cubo
·················
kocka

cores
színek

branco
....
fehér

amarelo
....
sárga

laranja
....
narancs

rosa
....
rózsaszín

vermelho
....
piros

lilás
....
lila

azul
....
kék

verde
....
zöld

castanho
....
barna

cinzento
....
szürke

preto
....
fekete

muito / pouco

sok / kevés

furioso / calmo

mérges / nyugodt

lindo / feio

szép / csúnya

princípio / fim

kezdet / vég

grande / pequeno

nagy / kicsi

claro / escuro

világos / sötét

irmão / irmã

fivér / növér

limpo / sujo

tiszta / koszos

completo / incompleto

teljes / nem teljes

dia / noite

nappal / éjszaka

morto / vivo

halott / élö

largo / estreito

széles / keskeny

comestível / não comestível

ehető / nem ehető

mau / gentil

gonosz / kedves

entusiasmado / entediado

izgatott / unott

gordo / magro

kövér / vékony

primeiro / último

első / utolsó

amigo / inimigo

barát / ellenség

cheio / vazio

teli / üres

duro / macio

kemény / puha

pesado / leve

nehéz / könnyű

fome / sede

éhség / szomjúság

doente / saudável

betegség / egészség

ilegal / legal

illegális / legális

inteligente / burro

intelligens / buta

esquerda / direita

bal / jobb

perto / longe

közel / távol

novo / usado

új / használt

nada / algo

semmi / valami

velho / jovem

idős / fiatal

ligado / desligado

be / ki

aberto / fechado

nyitva / zárva

baixo / alto

csendes / hangos

rico / pobre

gazdag / szegény

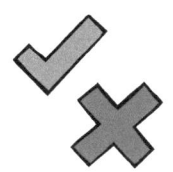

certo / errado

helyes / helytelen

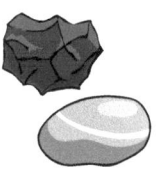

áspero / liso

érdes / sima

triste / feliz

szomorú / vidám

curto / longo

rövid / hosszú

lento / rápido

lassú / gyors

molhado / seco

nedves / száraz

ameno / fresco

meleg / hideg

guerra / paz

háború / béke

0

zero

nulla

1

um

egy

2

dois

kettö

3

três

három

4

quatro

négy

5

cinco

öt

6

seis

hat

7

sete

hét

8

oito

nyolc

9

nove

kilenc

10

dez

tíz

11

onze

tizenegy

12

doze

tizenkettö

13

treze

tizenhárom

14

catorze

tizennégy

15

quinze

tizenöt

16

dezasseis

tizenhat

17

dezassete

tizenhét

18

dezoito

tizennyolc

19

dezanove

tizenkilenc

20

vinte

húsz

100

cem

száz

1.000

mil

ezer

1.000.000

milhão

millió

inglês

angol

inglês americano

amerikai angol

chinês mandarim

mandarin kínai

hindi

hindi

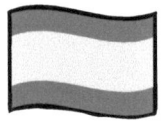

espanhol

spanyol

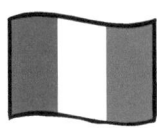

francês

francia

árabe

arab

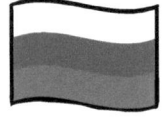

russo

orosz

português

portugál

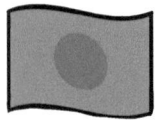

bengalês

bengáli

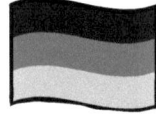

alemão

német

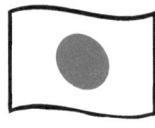

japonês

japán

eu

én

tu

te

ele / ela

ö

nós

mi

vós

ti

eles / elas

ök

quem?

ki?

o quê?

mi?

como?

hogyan?

onde?

hol?

quando?

mikor?

nome

név

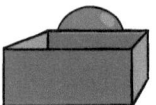

atrás

mögött

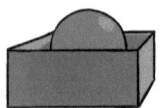

em

benne

à frente de

elötte

sobre

felette

em cima

rajta

debaixo

alatta

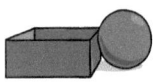

ao lado

mellett

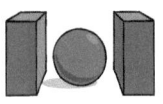

entre

között

lugar

hely